Mein erstes Lesebuch

Hexengeschichten · Spukgeschichten
Ballettgeschichten

Originalausgabe

© Schwager & Steinlein Verlag GmbH
Geschichten von Anke Breitenborn, Marion Clausen
und Carola von Kessel
Illustrationen von Oliver Bieber, Ilo Mörsdorf und Bärbel Witzig
Gesamtherstellung: Schwager & Steinlein Verlag GmbH
www.schwager-steinlein-verlag.de

Art. Nr. 11879
ISBN-10: 3-89600-879-X
ISBN-13: 978-3-89600-879-4

Mein erstes Lesebuch

Hexengeschichten · Spukgeschichten
Ballettgeschichten

Schwager & Steinlein

Dieses Buch gehört:

_____

Hexengeschichten

Spukgeschichten

Ballettgeschichten

Hexengeschichten

Von Carola von Kessel
Illustriert von Bärbel Witzig

Unterricht:
1. Stunde
Hexen 1 x 1

Die Hexenprüfung

In der Hexenschule ist heute ein besonderer Tag. Alle Schülerinnen sollen zeigen, wie gut sie schon hexen können.

Hexe Li ist als Erste an der Reihe.
Sie ruft:

"Hokuspokus Hexengrinsen!
Hier kommen lauter Schokolinsen!"

Alle Hexenkinder freuen sich
und essen Schokolinsen.

„Und jetzt du, Jojo",
sagt Frau Besenstreng,
die Lehrerin.

Hexe Jojo ruft:

„Lirum, larum, uups!
Für jeden einen Pups!"

Da müssen alle
pupsen,
sogar Frau
Besenstreng.
Die Kinder lachen.

Nun ruft
Frau Besenstreng
Hexe Miranda auf.
Miranda will
Brausepulver hexen.

„Hokuspokus Hexenbein ...",

fängt sie an.
Doch plötzlich
fällt ihr der Spruch
nicht mehr ein!

13

Hexe Li ruft: „Ich glaube, Miranda
kann gar nicht hexen!" Li und Jojo kichern.

„Kann ich wohl!" Miranda starrt
die beiden wütend an und ruft:

„Hokuspokus Hexenbein!
Ihr sollt zwei kleine Kröten sein!"

Im gleichen Augenblick verwandeln sich
Li und Jojo in Kröten. Alle staunen.

Am meisten staunt Miranda.
Den Spruch hat sie sich
gerade ausgedacht!

„Aber Miranda", schimpft Frau Besenstreng
„Du darfst deine Mitschülerinnen
doch nicht verhexen!"

Sie hebt ihren
Zauberstab und sagt:

„Hexenkinder,
eins, zwei, drei!
Schluss ist
mit der Zauberei!"

Schon verwandeln sich die Kröten
wieder in Li und Jojo. Die beiden
werfen Miranda empörte Blicke zu.
Aber Miranda lächelt nur.
Sie hat allen gezeigt,
dass sie hexen kann.
Und wie!

Der Blumenzauber

Hui! Hexe Jasmina saust
auf ihrem Besen durch den
Stadtpark. Sie ist auf dem
Weg zu ihrer Lieblingswiese.
Dort will sie Blütenstaub für
ihren Hexenschrank sammeln.

Heute spielen zwei Jungen auf der Wiese.
Aber was ist das? Hexe Jasmina runzelt
die Stirn. Die Jungen haben Stöcke
dabei. Damit schlagen sie die Blüten
von den Stängeln!

„Die armen Blumen", ruft Jasmina
entsetzt. „Das tut ihnen doch weh!"
Da hat sie eine Idee. Mit einem
Hexenspruch verzaubert sie die Blumen.

„Zack!", ruft der größere Junge und zielt
mit seinem Stock auf eine Blume.

Da erlebt er eine Überraschung: Die Blüte versprüht lauter Funken! „Aua!", ruft der Junge und reibt sich die Hand. „Das tut weh!" Sein Freund versucht es bei einer anderen Blume. Aber auch die schleudert glühende Funken auf seine Hand.

Die Jungen staunen. „Glaubst du, dass die Blumen sich wehren können?", fragt der eine. Der andere zuckt mit den Schultern. „Keine Ahnung.

Komm, wir gehen lieber Fußball spielen. Das mit den Blumen macht keinen Spaß mehr."

Sie laufen davon.
Hexe Jasmina lächelt.

Natürlich können
Blumen sich wehren.
Sie brauchen dafür
nur ein bisschen
Hexenhilfe!

Immer diese Hexenkinder!

Hexe Trulla hat zwei Kinder,
Rufus und Rabea. Sie machen
ihrer Mama oft das Leben schwer.

Wenn Trulla in einem Buch liest,
hexen die Kinder alle Buchstaben
durcheinander. Beim Tischdecken lassen
sie die Teller durch die Luft fliegen.
Und im Supermarkt zaubern sie lauter
Süßigkeiten in den Einkaufskorb.

„Immer diese Hexenkinder!", seufzt Hexe Trulla oft.

Heute kommt die Oberhexe zu Besuch. „Lasst bloß die Oberhexe in Ruhe!", ermahnt Hexe Trulla ihre Kinder.

26

Es klingelt,
und bald sitzt die
Oberhexe am Tisch.

Hexe Trulla
will den Tee
einschenken.
Da ist plötzlich
die Kanne weg.

„Immer diese Hexenkinder!",
murmelt Hexe Trulla.
Was soll nur die Oberhexe denken?

Klirr! Im gleichen Augenblick steht
die Teekanne wieder auf dem Tisch.
Ein Glück! Hexe Trulla atmet auf.

Nach dem Tee verabschiedet sich
die Oberhexe und will gehen.

Da verwandelt sich die Treppe
in eine lange Rutsche!
Hui! Schon segelt
die Oberhexe
mit wehendem
Rock hinunter.

Hexe Trulla stöhnt:
„Immer diese Hexenkinder!"

Aber die Oberhexe ruft:
„Was für eine nette Überraschung!
So viel Spaß hatte ich
schon lange nicht mehr!"

Sie rutscht gleich noch einmal.
Da lacht Hexe Trulla und rutscht mit.

Wie gut, dass sich ihre Hexenkinder
immer so viel Unsinn einfallen lassen!

Das Wettfliegen

Es ist ein stürmischer
Gewittertag.
Blitze jagen über den
Himmel, und
es regnet in Strömen.
Die Wetterhexen
treffen sich am
Kirchturm. „Was
für ein herrliches
Hexenwetter!",
rufen sie.

Hexe Gunda schwingt sich
auf ihren Besen.
„Kommt, wir fliegen um die Wette!
Wer traut sich am höchsten?"

Sie saust durch den Regen
bis zum Schornstein
des Pfarrhauses.
Dann kehrt sie
zu den anderen
zurück.

Als Nächste startet
Hexe Waltraud.
Bei Blitz und
Donner fliegt
sie bis zum
Wipfel
der Tanne.

Danach
ruft sie:
„Und
jetzt du,
Mimmi!"

Aber Hexe Mimmi schüttelt den Kopf.
„Es ist viel zu gefährlich, bei Gewitter
so hoch zu fliegen."

„Ach was! Du bist ja nur feige",
rufen die anderen.

„Dann fliege eben ich!",
sagt Hexe Lioba. Sie fliegt
bis zur Kirchturmspitze.
Da schlägt neben ihr ein
Blitz in den Kirchturm ein!

Lioba saust zu den
anderen zurück.
„Der Kirchturm brennt!"

„O nein!",
ruft Hexe Mimmi.
„In dem Turm wohnt eine
Katze mit ihren Babys!"

Sie fliegt sofort zum
Turm hinauf.
Dichter Qualm
dringt aus
dem Turmfenster.

„Komm zurück,
Mimmi!", schreien
die anderen Hexen.
„Das ist viel
zu gefährlich!"

Aber Mimmi hört nicht auf sie.
Im Turm drängen sich
die Kätzchen aneinander.
Mimmi wickelt sie in ihren Rock.

In letzter Sekunde
rettet Mimmi die Kätzchen.
„Das war sehr mutig
von dir, Mimmi",
sagt Hexe Waltraud.

Die anderen Hexen
sind ganz still.
Jetzt wissen alle,
dass Mimmi nicht feige ist!

Nur Mut, Pimpinella!

Die kleine Hexe Pimpinella
ist wütend. Immer kann
ihre große Schwester Schickobella alles besser!

Zu Mamas Geburtstag
hext Schickobella eine
Geburtstagstorte.

Als Pimpinella
ein Geschenk
hexen will,
geht alles schief.

Auf dem Bauernhof hext Schickobella
sich auf den Rücken eines Pferdes.

Pimpinella versucht es auch.
Da sitzt sie plötzlich auf einem Schwein!

„Ich werde nie
eine gute Hexe",
sagt Pimpinella
zu ihrer Mama.

„Natürlich wirst
du eine gute Hexe",
sagt Mama.
„Du musst nur noch
ein bisschen üben."

„Ich will aber nicht üben!",
ruft Pimpinella.
„Ich lerne es
ja doch nie!"

Da sagt Mama:
„Komm, ich zeige dir was."

Sie holt ihre magische Kugel
aus dem Schrank.
In dieser Kugel können Hexen
in die Zukunft schauen.

Die beiden blicken in
die Kugel. In der Kugel
erscheint eine junge Hexe,
die eine
wunderbare
Geburtstagstorte
zaubert.

Dann reitet die Hexe auf
einem schönen Pferd und
fliegt auf ihrem Hexenbesen
durch die Luft.

„Oh, die kann
aber gut hexen!",
ruft Pimpinella.
„Sogar besser
als Schickobella."
Mama lächelt.

„Rate mal, wer die Hexe
in der Kugel ist!"
Pimpinella zuckt mit den Schultern.
„Keine Ahnung."

„Das bist du in ein paar Jahren",
sagt Mama. „Die Kugel zeigt dir,
wie gut du bald hexen kannst!"

Pimpinella staunt.
„Bin das wirklich ich?"

„Na klar." Mama nickt.
„Die magische Kugel zeigt
immer die Wahrheit."
Da strahlt Pimpinella.
„Du, Mama", sagt sie.
„Ich glaube, ich will doch
noch ein bisschen
weiter üben."

Spukgeschichten

Von Marion Clausen
Illustriert von Oliver Bieber

Rettender Spuk
um Mitternacht

Rudi, das Nachtgespenst,
bewohnt seit 500 Jahren die alte
Burgruine. Um Mitternacht schwebt es
durch die Gänge. Es rasselt mit den
Ketten. Es klappert mit der rostigen
Ritterrüstung und heult schaurig
durch die Nacht. Aber
niemand hört
oder sieht es.

Seit 500 Jahren
geht das so.
Rudi seufzt.
Ist das lang-
weilig! Er schaut
vom Turm auf das
schlafende Dorf
hinab. Plötzlich
stutzt Rudi. Da ist
doch ein roter
Schein, der immer
größer wird!
Ein Feuer! Im Dorf
brennt eine alte
Scheune.

Rudi ist sehr aufgeregt.
Merkt denn keiner,
dass es brennt?
Er muss die Menschen
warnen!

Rudi schnappt sich die Ketten
und die Rüstung und saust los.

Aus der Scheune schlagen hohe Flammen. Dicker Rauch steigt auf.

Aber niemand wacht auf.

Rudi heult so laut und schaurig wie
noch nie. Er klopft gegen die Fenster
und rasselt mit den Ketten.
Rudi stapft laut scheppernd
auf die Scheune zu.

Hinter den Fenstern tauchen
erschreckte Gesichter auf.
Was ist da draußen los?
Die Leute trauen ihren Augen kaum:
Ist das ein Gespenst?

Doch jetzt sehen die Leute das Feuer.
Bald heult die Sirene los.
Die Feuerwehr rückt an.

Während das Feuer gelöscht
wird, ruht sich Rudi auf der
Kirchturmspitze aus. Er ist müde,
aber zufrieden.

Später reden die Dorfleute aufgeregt
über das Ereignis. War es wirklich ein
Gespenst, das sie aufgeweckt hat?
Oder haben nur die Fensterläden im
Wind geklappert?

Alles nur geträumt?

Ole macht mit seinen Eltern Urlaub
auf dem Zeltplatz.

Heute schläft er zum ersten Mal
allein in seinem neuen Zelt.

Nachts wacht Ole auf.
Draußen hört er viele fremde Geräusche.
Das Rauschen ist bestimmt der Wind
in den Bäumen, beruhigt er sich.
Und das war der Ruf eines Käuzchens.

Aber was knackt da vor dem Zelt?
Ist da jemand? Ole zieht den Schlafsack
bis zur Nase hoch.

Jetzt hört Ole ein aufgeregtes Wispern.
Es ist ganz nah. Er wagt kaum zu atmen.

Auf einmal wird der Reißverschluss des
Zelteingangs aufgezogen. Ole will nach
seinen Eltern rufen, aber kein Laut
kommt aus seinem Mund.

Eine geheimnisvolle Kraft
zieht Ole aus dem Zelt.
Er kann sich nicht dagegen wehren.

Vor dem Zelt stehen drei wunderliche
Gestalten. Sie sehen aus, als wären sie
aus Nebel gemacht.

Genau wie
die Moorgeister
in seinem
Märchenbuch.
Sie kichern und flüstern miteinander
und ziehen Ole mit sich fort.

Sie kommen zu einer sumpfigen Wiese
Die Moorgeister tanzen im Mondlicht
hin und her.

Ole schaut gebannt zu.
Jetzt hat er keine Angst mehr.
Er möchte mitmachen, aber er kann
sich nicht von der Stelle rühren.

Plötzlich kitzelt Ole etwas an der Nase.
Er muss niesen und schlägt die Augen auf.
Nanu! Er liegt ja in seinem Zelt!
Wann haben ihn die Moorgeister
denn wieder zurückgebracht?
Oder hat er nur geträumt?

Ein geheimnisvoller Helfer

Anna sitzt am Schreibtisch und malt.
Sie soll ihre Hausaufgaben machen.
Dazu hat sie gar keine Lust.

$$1.) \; 3 \times 4 = 12$$
$$4 \times 5 = 20$$
$$5 \times 6 = 30$$
$$\underline{\underline{62}}$$

$$2.) \; 12 \times 15 = \underline{\underline{180}}$$

$$20 \times 45 = \underline{\underline{900}}$$

$$3.) \; \frac{411}{411} = 1$$

$$4.) \; \frac{18}{2} = 9$$

$$5.) \; \frac{15}{3} + \frac{18}{3} = \frac{33}{3}$$

$$33 : 3 = \underline{\underline{11}}$$

$$6.) \; 19 \times 18 = \underline{\underline{342}}$$

Ihre Mutter ruft: „Anna, bist du
endlich fertig?"
„Gleich", antwortet Anna.
Sie klappt ihr Heft auf und will
losrechnen.
„Das gibt es doch gar nicht!",
stammelt Anna und sieht genau hin.
Tatsächlich: Alle Aufgaben stehen bereits
fertig ausgerechnet in ihrem Heft.

Die Mutter schaut zur Tür herein.
„Wenn du fertig bist, bring bitte den
Müll hinaus, und häng die Wäsche auf!"
Anna packt schnell ihre Schulsachen ein.
Sie grübelt, aber sie hat keine Ahnung,
wie die fertigen Aufgaben in ihr Heft
gekommen sein könnten.

In der Küche greift sie zum Mülleimer.
Aber der Eimer ist schon leer.
Wie kann das sein? Ob sie träumt
oder ob es bei ihnen spukt?

Sie geht zum Waschkeller, öffnet
langsam die Tür und schaut hinein.
Die ganze Wäsche hängt
bereits an den Leinen!

Sprachlos lässt sich Anna
auf einen Wäschekorb fallen.
Wer hat das getan?
Da hört sie ein Rascheln.

Ängstlich steht sie auf.
Der Deckel des Wäschekorbs hebt sich,
und ein Zwerg mit einer roten Zipfelmütze
schlüpft heraus.

„Verzeihung, aber ich muss jetzt weiter.
Ich bin nur auf der Durchreise!",
erklärt er und eilt zur Tür.

„Wie heißt du denn?",
ruft Anna ihm hinterher.

„Heinz natürlich, so wie
alle Heinzelmännchen!"

Schon ist der Zwerg
verschwunden.

Besuch auf dem Dachboden

Lea steigt die Treppe zum Dachboden hinauf. Sie will ihre Schlittschuhe holen. Lea fürchtet sich. Sie glaubt, dass es dort oben spukt.

Ihre Mutter sagt immer: „Es gibt
keine Gespenster!" Aber Lea ist sich da
nicht so sicher. Sie hat es doch gehört:
Es pocht und raschelt und
meckert und flattert!

Vater meint:
„Bestimmt wohnt
ein Marder unter dem Dach.
Oder eine Mäusefamilie." Lea glaubt
das nicht. Können Marder meckern?
Können Mäuse flattern? Na also!

Lea stößt die Bodentür auf.
Im schwachen Lichtschein ihrer
Taschenlampe erkennt sie kaum
die alten Möbel und Kisten.
Spinnweben und Staubwolken
wehen durch die kalte Luft.

Ausgerechnet ganz hinten
liegen Leas Schlittschuhe!
Lea holt tief Luft und
will schon loslaufen.

Da hört sie eine Stimme:
„Endlich kommt jemand! Höchste Zeit,
dass mich einer befreit!" Lea bleibt
fast das Herz stehen. Am Dachfenster
sieht sie ein kleines Gespenst!
Sein weißes Gewand ist eingeklemmt.

„Der Wind hat das Fenster zugeschlagen.
Jetzt hänge ich hier schon seit Wochen
fest. Bitte hilf mir!", jammert das Gespenst.
Es sieht verzweifelt aus und gar nicht
zum Fürchten.

Lea geht vorsichtig näher
heran. Sie öffnet das Fenster,
und das Gespenst fliegt hinaus.
„Besten Dank!", ruft es.

Mit ihren Schlittschuhen
kommt Lea in die Küche.

„Du hast Recht", sagt sie zu ihrer Mutter.
„Auf dem Dachboden gibt es
kein Gespenst!"

Die geheimnisvolle Hütte

Lisa und Tom sind mit ihren Fahrrädern im Wald unterwegs. Plötzlich fegt ein starker Wind durch die Bäume. Dunkle Wolken treiben heran. Ein Gewitter zieht auf. „Ich kenne eine alte Hütte. Dort können wir uns unterstellen, bis das Unwetter vorbeigezogen ist", schlägt Lisa vor.

Bald haben Lisa und Tom die
verfallene Hütte erreicht. Sie steht
versteckt mitten im Wald.
Die Fenster sind zugenagelt,
aber zum Glück
lässt sich die
Tür öffnen.

Es beginnt heftig zu
regnen, und es blitzt und donnert.

Als die Kinder in die Hütte eintreten,
trauen sie ihren Augen kaum.
Innen sieht alles sehr behaglich aus.
Im Kamin flackert und knistert
ein Feuer. Auf dem Herd dampft ein Topf
mit Suppe. Eine alte Frau, ganz
in Schwarz gekleidet, deckt den Tisch.
Sie winkt die beiden freundlich heran.

Tom und Lisa
ist seltsam zumute.
Doch sie setzen sich.
Die Frau spricht kein Wort.
Sie schöpft Suppe in die Teller.
Mit einer Handbewegung fordert
sie die Kinder zum Essen auf.

Tom und Lisa beobachten
ängstlich die alte Frau.
Aber die Suppe riecht sehr lecker.
Im Nu haben die Kinder
die Teller leer gegessen.
Und schon schlafen
Tom und Lisa erschöpft ein.

Als Tom und Lisa aufwachen, ist die in
Schwarz gekleidete Frau verschwunden.
Auch vom Kaminfeuer, vom Herd
oder von den Tellern keine Spur.
Alles sieht verlassen aus.

Sie treten vor die Hütte.
Das Gewitter ist vorbei.
Eine schwarze Katze
räkelt sich schnurrend
in der Sonne.

Ballettgeschichten

Von Anke Breitenborn
Illustriert von Ilo Mörsdorf

Aller Anfang ist schwer

Seit einem Jahr geht Tina zum
Ballettunterricht. Sie ist mit Feuereifer dabei.
Heute führt die Gruppe ihr erstes Stück auf.
Tina ist sehr nervös. Aber Papa sagt:
„Kopf hoch, du kannst das!"

Die Tanzlehrerin Olga hilft den Mädchen
beim Vorbereiten. „Immer entspannt
bleiben und nicht verkrampfen!",
sagt sie. Dabei ist sie fast genauso
aufgeregt wie ihre Schülerinnen.

Tina sieht noch einmal in den Spiegel.
Sitzt das Kostüm? Stimmt die Frisur?
„Ich bin ja ganz grün im Gesicht!",
denkt sie entsetzt. „Ob das gut geht?"

Beim Aufwärmen sind alle sehr
konzentriert. Nur Fred macht Faxen
und albert herum. Tina ist wütend.
Weiß er denn nicht,
dass es bald ernst wird?

Tina stellt sich vor, dass sie schon
ein berühmter Ballettstar ist. Bei allen
Aufführungen tanzt sie die Hauptrolle.
Die Zuschauer jubeln ihr zu. Ist das schön!

Vor lauter Träumerei verpasst sie
fast den Aufruf ihrer Gruppe.
Die Kinder nehmen ihre Positionen ein.
Jetzt wird es ernst!
Die Zuschauer sind ganz still.

Da würde sich Tina am liebsten ganz
klein machen wie ein Mäuschen.

Aber halt, sie will doch eine große
Tänzerin werden und wie ein Vogel frei
und elegant durch die Luft schweben!

Als es endlich losgeht, ist alle Angst
wie weggeblasen. Die Kinder tanzen
und wirbeln über die Bühne.
Die Zuschauer klatschen begeistert,
und Papa ist sehr stolz auf Tina.

Spitzentänzerinnen

Heute hat die Ballettschule hohen Besuch.
Die Primaballerina Josefine ist da.
Sie hat hier früher selbst das Tanzen
gelernt. Jana betrachtet ehrfürchtig
Josefines Tanzschuhe.

Josefine erklärt Jana,
wie man die Schuhe schnürt.
Das ist gar nicht so leicht!
Sie erzählt, wie schön es ist,
auf der Spitze über die Bühne zu tanzen.

Josefine schwebt wie ein
Schmetterling über die Bühne.
Jana wird vom Zusehen ganz seltsam.
„Au ja", denkt sie. „So schön will ich
auch mal tanzen können!"

„Willst du es auch probieren?",
fragt Josefine sie.
Sie bindet Jana ein Tüllröckchen um.
„Das ist ein Tutu!", erklärt sie.

Jana dreht sich wie ein Wirbelwind.
Das Tutu fliegt und flattert. Aber leider
wird Jana bald schwindelig.
Josefine kann sie gerade noch auffangen.
„Ein bisschen musst du schon noch üben!",
sagt sie lachend.

Abends geht Jana erschöpft,
aber glücklich nach Hause.
Ihre Sachen hängt sie heute
besonders sorgfältig auf.
Sie geht früh ins Bett
und schläft wie ein Murmeltier.
Dabei träumt sie
von einem eigenen Tutu,
lila Spitzenschuhen
und rauschendem Beifall.

Von diesem Tag an übt Jana
noch fleißiger als vorher.
Sie wird von Tag zu Tag besser.

Eines Tages bringt der Postbote
ein großes Päckchen
„Für die Nachwuchsballerina Jana",
steht darauf. Darin ist ein
wunderschönes rosa Tutu
mit einer Karte von Josefine.

Teresa und Daniel

Teresa hat einen Verehrer. Er heißt
Daniel und ist neu in der Ballettschule.
Teresa mag Daniel auch,
aber das würde sie nie zugeben.

Sie übt auf einem Bein zu stehen
wie die Flamingos. Sie kann auch
fast so hochnäsig gucken.
Aber heimlich schielt sie zur Seite,
um zu sehen, was Daniel gerade macht.

Daniel klatscht
besonders laut Beifall,
nur für Teresa.
Da freut sich Teresa.
Als sie mit der Übung
fertig ist, geht sie
kurz entschlossen
auf Daniel zu.

„Hallo, Daniel! Kannst du nur klatschen
oder auch tanzen?", neckt sie ihn
und zieht ihn auf die Tanzfläche.
Dort ist gerade Pause. Es läuft Musik
von Teresas Lieblingsgruppe.
Die mit dem süßen Sänger.

Daniel nimmt Teresas Hand.
Er verbeugt sich und sagt:
„Meine Damen und Herren, Sie sehen
jetzt den Kukumba, einen neuen Tanz
aus Krokinesien!"

Und schon wirbelt er Teresa durch die Luft.
Sie weiß bald gar nicht mehr, wo oben
und unten ist. Aber Daniel hat alles
im Griff und lässt Teresa nicht fallen.
Die anderen Kinder machen begeistert mit.

Immer schneller drehen die beiden sich.
In Teresas Kopf geht alles drunter
und drüber. Sie sieht nur
noch Noten und Blumen.
Und ein paar Herzen. Außer Atem
bleiben Teresa und Daniel stehen.

„Na? Kann ich nun tanzen oder nicht?",
fragt Daniel und schaut Teresa verliebt an.
„Ja, gar nicht schlecht!", sagt Teresa.
Den Namen des Sängers hat sie
vergessen.

Verkehrte Welt

Die Tanzschüler haben ein
Märchenballett einstudiert.
Carina hat sich wie immer
vorgedrängelt und spielt
die Prinzessin.

Leo und Clara sind Bär und Katze.
Clara ist beleidigt. Sie wäre auch
gerne die Prinzessin gewesen.
„Sei nicht traurig!", sagt Leo.
„Ich mag lustige Katzen viel
lieber als zickige Prinzessinnen."

Carina schminkt sich besonders sorgfältig.
Alle sollen sehen, dass sie die Schönste ist.
Hier noch ein Tupfer und da – perfekt!
Sie lächelt verliebt ihr Spiegelbild an.

Clara darf als Erste auf die Bühne.
Sie schafft es, die Füße besonders
weich aufzusetzen.
Wie eine richtige Katze eben.
Alles klappt wunderbar.

Jetzt kommt Leos Einsatz. Doch da stürzt schon Carina auf die Bühne. Sie ist doch noch gar nicht dran! Carina dreht ein paar Extrarunden auf dem Parkett. Muss sie sich immer so aufspielen?

Als Carina ihren Fehler bemerkt, ist ihr
das sehr peinlich. Für den Rest des Stückes
traut sie sich nicht mehr auf die Bühne.
Jetzt muss Clara als Katze die Hauptrolle
spielen! Peter, der verkleidete Prinz,
hält um die Hand der Katze an.
Das sieht lustig aus!

So ein witziges Stück haben die Zuschauer noch nie gesehen. Alle klatschen begeistert. Die Tänzer freuen sich.

„Das nächste Mal spiele ich die Katze!", flüstert Carina. „Nichts da!", sagt Clara. Prinzessinnen können ihr für alle Zeiten gestohlen bleiben.

Die große Premiere

Heute ist Premiere für das neue Ballett.
Die ganze Stadt spricht davon.
Alle Tänzer haben viele Monate dafür
geübt und geprobt. Die Tänzerinnen
helfen sich beim Ankleiden.
Jedes Kostüm muss sitzen!

Die Primaballerina Paula braucht
in ihrer Garderobe besonders lange.
Sie will perfekt aussehen. Schließlich
sind alle ihre Freunde gekommen.
Es soll ein toller Abend werden.

Pit tanzt auch eine Hauptrolle.
Seine Uniform steht ihm gut.
Pit ist ganz schön nervös, aber das sieht
man ihm nicht an. Er ist eben ein Profi.

Los geht's! In dem Ballett gibt es viele
schwierige Hebefiguren. Aber Paula
und Pit haben sich gut aufgewärmt.
So kann nichts passieren.
„Na, Paula?", flüstert Pit.
„Bereit für unseren Spezialwurf?"

„Klar, Pit. Es kann losgehen!",
antwortet Paula leise. Pit wirft sie
hoch in die Luft. Dort dreht sich Paula
einmal um sich selbst. Pit fängt sie sicher
wieder auf. Sie nennen diese Figur
„Pfannkuchen wenden".

Alles hat wunderbar geklappt!
Das Publikum klatscht begeistert Beifall.
„Die beiden tanzen bestimmt bald
in New York!", haucht eine
Zuschauerin hingerissen.

Blumen und Teddybären fliegen
auf die Bühne. Paula bekommt
einen wunderschönen Rosenstrauß.
Die prächtigste Rose wird sie Pit
an seine Uniform stecken.

Oliver Bieber lebt als Illustrator, Autor und Grafiker in Lübeck. In Hamburg studierte er Grafik und Design und arbeitet seither für viele verschiedene Verlage und Agenturen. Seine Lieblingsfigur, „Wanda, das Tanzschwein", ist auch als Hörspiel erfolgreich.

Anke Breitenborn lebt in Köln und weiß als Buchhändlerin genau, was Mädchen und Jungen gerne lesen. Sie hat schon viele Geschichten, zum Beispiel über Hexen, Feen und Gespenster, geschrieben und ist außerdem Expertin für Baustellen, Flugzeuge und die Eisenbahn.

Marion Clausen ist freie Autorin und schreibt Sachbücher und Geschichten für Kinder. Außerdem arbeitet sie als freie Redakteurin und achtet darauf, dass sich in Unterrichtsmaterialien keine Druckfehler einschleichen. Sie lebt mit ihrer Familie in Göttingen.

Carola von Kessel arbeitete als Lektorin für verschiedene Buchverlage, bevor sie zu schreiben begann. Sie ist als freie Autorin tätig und hat bereits zahlreiche Kinderbücher veröffentlicht. Mit ihrem Mann und ihren Pferden lebt sie auf einem kleinen Hof am Niederrhein.

Ilo Mörsdorf hatte seit ihrer frühesten Kindheit nur eine Sorge, nämlich dass ihr die Buntstifte und das Papier ausgehen könnten. Das ist bis heute so geblieben. Sie lebt und arbeitet in Köln, zeichnet Kinderbücher und gestaltet Stoffe, zum Beispiel für Bettwäsche und Kinderkleidung.

Bärbel Witzig studierte Kunst und Kommunikationsdesign und setzte schon in ihrer Abschlussarbeit ihren Traum von der Gestaltung eines Kinderbuches um. „Kalle Buddel im Wiesental" hieß das Ergebnis, dem viele weitere Bücher folgten. Bärbel Witzig lebt und arbeitet in Freiburg.